もくじ

1章 学校(がっこう)に ひそむ なにか　7

2章 さまよう 山(やま)の 怪(かい)　49

3章 恐怖(きょうふ)へと さそう 海(うみ)　89

4章 そして 町(まち)にも あらわれる　129

1章 学校に ひそむ なにか

Q1

さっきのは
なんだったんだろう……?

写真に なにかが うつりこんだ!?
左と 右で ちがうところを
4つ さがしてね。

1章

こたえは 177 ページ

ろうかに でていったよ！
おいかけよう！

ろうかでも 写真を とったよ。
左と 右で ちがうところを
5つ さがしてね

1章

こたえは 177 ページ

Q3

ろうかの ポスターが
はがれているよ。

ずらりと ならんだ ポスター。
上と 下を くらべて
ちがうところを 8つ さがしてね。

1章

こたえは 177 ページ

Q4

かいだんの おどり場は、
霊が あつまりやすいって
ウワサが あるよ。

かいだんも いつもと ちがう……？
左と 右で ちがうところを
4つ さがしてね。

1章

こたえは 177 ページ

15

Q5

図書室には、
だれも いないね。

本だなの ならぶ 図書室。
左と 右で ちがうところを
6つ さがしてね。

1章

こたえは 177 ページ

17

Q6

理科室って、なんだか ブキミ……。

理科室に きたよ。
左と 右で ちがうところを 6つ さがしてね

1章

こたえは 178 ページ

Q7

音楽室では、だれも いない はずなのに ピアノの 音が するらしいよ〜。

音楽室だよ。
左と 右で ちがうところを
5つ さがしてね。

1章

こたえは 178 ページ

Q8

ろうかの 時計が
とつぜん なりだした！

時計の 写真を とったよ。
左と 右で ちがうところを
5つ さがしてね。

1章

こたえは 178 ページ

Q9

こわくなってきちゃった……。
ちょっと トイレに いこう。

トイレの 写真も とったよ。
左と 右で ちがうところを
6つ さがしてね。

こたえは 178 ページ

Q10

水飲み場の かがみに うつった すがたが ヘン？
正しいものを ひとつ えらんでね。

こたえは 178 ページ

Q11

ここから
とびだしてきたよ！

きゅう食室の 写真を とったよ。
左と 右で ちがうところを
6つ さがしてね。

1章

こたえは 178 ページ

Q 12

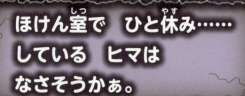

ほけん室で ひと休み……
している ヒマは
なさそうかぁ。

夕方の ほけん室に きたよ。
左と 右で ちがうところを
4つ さがしてね。

こたえは 179 ページ

Q13

あれ？この写真……。

かざられている しょうぞう画の
写真を とったよ。 上と 下で
まちがいを 7つ さがしてね。

1章

こたえは 179 ページ

Q14

こっちに
きたはずだけど……。

げたばこに、なにか いるかも？
左と 右で ちがうところを
9つ さがしてね。

1章

こたえは 179 ページ

35

Q15

ブランコが、風も ないのに ゆれている……。

校庭でも 写真を とったよ。
左と 右で ちがうところを
6つ さがしてね。

1章

こたえは 179 ページ

Q16

プールの そこに
ついた シミ、
なんだか きになるね。

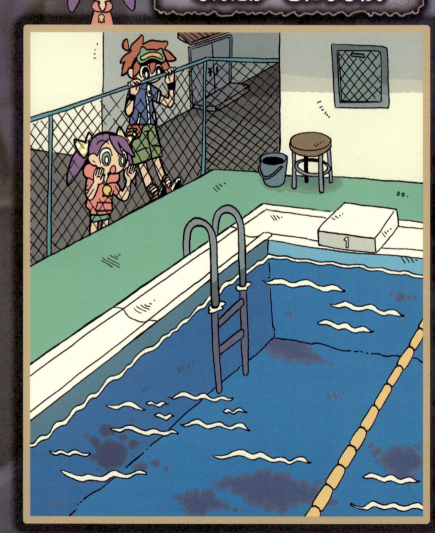

プールの まえを とおったよ。
左と 右で ちがうところを
5つ さがしてね。

1章

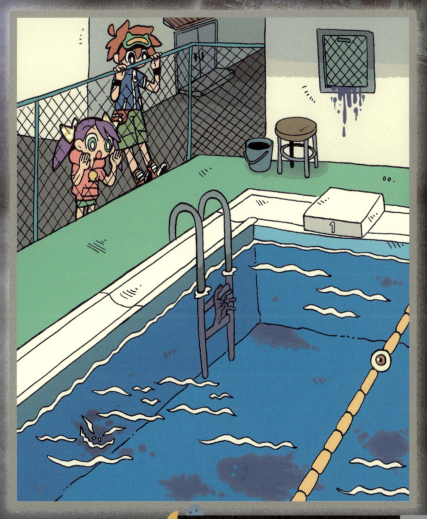

こたえは 180 ページ

Q17

花だんの 写真にも
おかしなところが
4つ あるみたい!?
みつけてね。

こたえは 180 ページ

Q18

体育館の まえに
あやしい 足あと！
上の くつに ない
足あとを 5つ みつけて！

1章

こたえは 180 ページ

Q19

この体育館の
どこかに いるはず！

体育館で 写真を とったよ。
左と 右で ちがうところを
7つ さがしてね。

1章

こたえは 180 ページ

43

Q20

ねえ、あそこに
いるのって……。

ついに 幽霊を みつけた！
左と 右で ちがうところを
7つ さがしてね。

1章

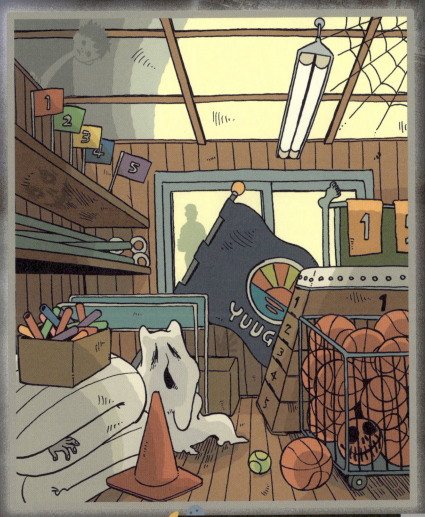

こたえは 180 ページ

45

2章 さまよう山の怪

Q21

あはは！ じょうだんだよ！
きにしない、きにしない！

ちゅうしゃ場で 写真を とったよ。
左と 右で ちがうところを
4つ さがしてね。

2章

こたえは 180 ページ

Q22

天気も いいし、なにも おこらないよね……？

山の ふもとで きねん写真。
左と 右で ちがうところを
6つ さがしてね。

2章

こたえは 181 ページ

Q23

きょうは ぜっこうの ハイキングびよりね！

木の おいしげる 山道の 写真だよ。
左と 右で ちがうところを
5つ さがしてね。

2章

こたえは 181 ページ

Q24

川が 流れているよ！
空気が おいしい〜。

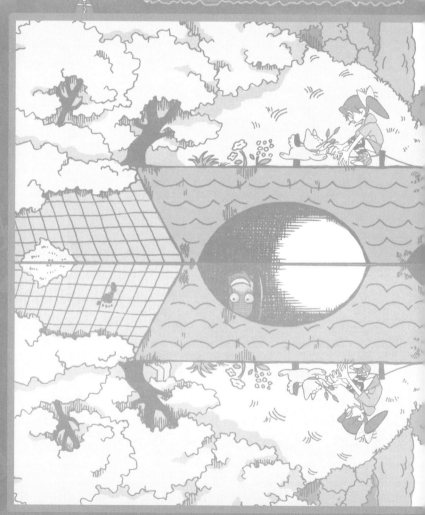

川に うつった すがたが
どこか おかしい？
ちがうところを 5つ さがしてね。

2章

こたえは 181 ページ

Q25

花畑に とうちゃくー！
あれ？ なんだか おかしな
ものが 3つ あるよ。
みつけてね。

こたえは 181 ページ

Q26

わき水の 写真に ふわふわと 光る ものが うつりこんだ！ ひとつしかない 形の ものを さがそう。

2章

こたえは 181 ページ

Q27

つり橋って けっこう
ゆれて ヒヤヒヤするな〜。

つり橋でも 写真を とったよ。
左と 右で ちがうところを
4つ さがしてね。

2章

こたえは 182 ページ

Q28

いよいよ 山の てっぺん！
いいあせ かいたね。

てんぼう台で 写真を とったよ。
左と 右で ちがうところを 6つ さがしてね。

2章

こたえは 182 ページ

Q29

山小屋で ちょっと ひと休み。
写真に あやしい 手の
あとが うつっているみたい。
7つ みつけてね。

Q30

道に まよわないように しなくっちゃね。

道しるべの 写真を とったよ。
左と 右で ちがうところを
5つ さがしてね。

2章

Q31

こんなところに サビだらけの 車が あるよ。

車の 写真も とってみたよ。
左と 右で ちがうところを
5つ さがしてね。

2章

こたえは 182 ページ

Q32

いかにも なにか
でてきそうな トンネル。

トンネルに　むかって
カメラを　パチリ！　左と　右で
ちがうところを　8つ　さがしてね。

2章

こたえは 182 ページ

Q33

トンネルの かべに
おふだが たくさん
はられている……。

写真に なにか うつっているかも？
左と 右で ちがうところを
4つ さがしてね。

2章

こたえは 183 ページ

Q34

神社が あるよ！
ちょっと よっていこう。

神社でも 写真を とったよ。
左と 右で ちがうところを
6つ さがしてね。

2章

こたえは 183 ページ

Q35

りっぱな こま犬。でも、しばおも まけていないよ！

こま犬の 写真を とったよ。
左と 右で ちがうところを
4つ さがしてね。

2章

こたえは 183 ページ

Q36

ちょうちんの 写真も
なんだか ヘン？
おかしなところを
4つ みつけてね。

こたえは 183 ページ

Q37

なんだか ふしぎな ばしょ……。おじぞうさんを 7つ みつけよう。

2章

こたえは 183 ページ

Q38

きづいたら……、
あれ？ ここは 墓地!?

墓地に まよいこんでしまったよ。
左と 右で ちがうところを
7つ さがしてね。

2章

こたえは 183 ページ

Q39

きりも でてきて
カメラの 調子も
ヘンだよ〜っ！

左右が かがみうつしになった
写真が とれちゃった！
ちがうところを 5つ さがしてね。

2章

こたえは 184 ページ

Q 40

とおくに キャンプ場が
みえるよ！ あそこには
だれか いそうだね！

人の いる ばしょに もどってきた！
左と 右で ちがうところを
4つ さがしてね。

2章

こたえは 184 ページ

Q41

じゅんびばんたん！
さあ、いこう！

駅まえで 写真を とったよ。
左と 右で ちがうところを
6つ さがしてね。

3章

こたえは 184 ページ

Q42

しばおは ケースに いれて つれていくんだね。

駅の ホームの 写真だよ。
左と 右で ちがうところを
5つ さがしてね。

3章

こたえは 184 ページ

Q43

トンネルの なかに はいったみたい。

電車の　なかが　なんだか　ちがう？
上と　下で　ちがうところを
6つ　さがしてね。

3章

こたえは 184 ページ

Q44
駅に とうちゃく！
海は もうすぐよ！

ふみきりでも 写真を とったよ。
左と 右で ちがうところを
5つ さがしてね。

3章

こたえは 185 ページ

海が みえてきたよ。
左と 右で ちがうところを
6つ さがしてね。

3章

こたえは 185 ページ

海に ついた！
いい 写真 とれるかな。

いよいよ 海に とうちゃく！
左と 右で ちがうところを
7つ さがしてね。

3章

こたえは 185 ページ

Q47

ユウマくん！
まずは あそぼうよ～！

波うちぎわで カメラを パチリ。
左と 右で ちがうところを
4つ さがしてね。

3章

こたえは 185 ページ

ちょっと ひと休み。
あたりを あるいてみよう。

海の家の 写真を とったよ。
左と 右で ちがうところを
6つ さがしてね。

3章

こたえは 185 ページ

Q49

あはは！ しばおが パラソルの 下で やすんでる〜。

ビーチパラソルの 写真を とったよ。
左と 右で ちがうところを
4つ さがしてね。

3章

こたえは 185 ページ

109

Q50

波の あいだから あやしい 手が のびている!?
7つ さがしてね。

こたえは 186 ページ

Q51

急に はしって どこに いくんだ!?

しばおを おいかけている
ところの 写真だよ。
ちがうところを 8つ さがしてね。

こたえは 186 ページ

ごつごつした
岩場に きたよ。
しばお、あぶないよ！

岩場でも 写真を とったよ。
左と 右で ちがうところを
6つ さがしてね。

3章

こたえは 186 ページ

Q 53

しおが ひいて、
道が できている！

写真に なにかが うつっているかも？
左と 右で ちがうところを
5つ さがしてね。

3章

こたえは 186 ページ

Q54

ブキミな
どうくつだね……。
おかしなところを
6つ みつけてね。

こたえは 186 ページ

Q55

わあっ！ コウモリの むれだ！ 写真の なかの おかしなところを 4つ みつけよう。

こたえは 186 ページ

Q56

どうくつの 出口に、
人形が たくさん
すてられている……。

人形が どこか おかしい!?
左と 右で ちがうところを
7つ さがしてね。

3章

こたえは 187 ページ

Q57

いどの ちかくに……、
あっ しばおだ！

しばおを 発見！
左と 右で ちがうところを 7つ さがしてね。

3章

こたえは 187 ページ

Q58

しばおは なんで あそこに いたんだろう。

橋の 写真だよ。
左と 右で ちがうところを
5つ さがしてね。

3章

こたえは 187 ページ

Q59

なんだか、ふあんに なってきちゃった……。

さいごは 夕やけの 写真だよ。
上と 下で ちがうところを
7つ さがしてね。

こたえは 187 ページ

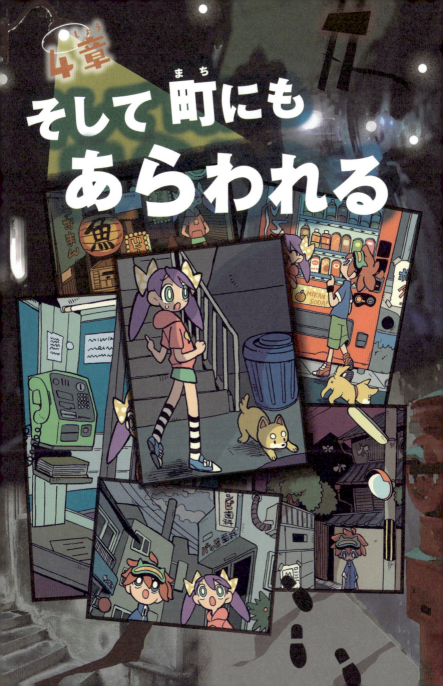

Q60

いつもと なんにも かわらないよ〜。

このページを よーく みてから
ページを めくってね。

4章

さっそく 写真を
かくにんしよう。

まえの ページと くらべて、
ちがうところを 7つ さがしてね。

4章

こたえは 188 ページ

Q61 お店の 写真は どうかな？

だがし屋さんで 写真を
とらせてもらったよ。
ちがうところを 6つ さがしてね。

4章

こたえは188ページ

Q 62

ネコたちが じっと
こちらを みているよ。

かいだんで 写真を とったよ。
左と 右で ちがうところを
6つ さがしてね。

4章

Q63

道路に あやしい
タイヤの あとが あるね。

歩道橋も どこかが ヘン？
左と 右で ちがうところを
5つ さがしてね。

4章

こたえは 188 ページ

Q64

のどが かわいちゃった。
なにか のもうよ。

自動はんばいきの 写真だよ。
左と 右で ちがうところを
6つ さがしてね。

こたえは 188 ページ

Q65

このあたりは 昼間(ひるま)でも
くらいんだよね……。

くらい 地下がいで
写真を とったよ。
ちがうところを 7つ さがしてね。

4章

こたえは 188 ページ

145

Q66

自分たちの かげも なんだか ヘンかも？ ちがうところを 5つ さがしてね。

こたえは 189 ページ

Q67

ゴミすて場の 写真も あやしいな……。 ぬいぐるみを 5つ みつけて！

4章

Q 68

なんだか 雨が
ふりだしそう。

雲ゆきが あやしいぞ。
左と 右で ちがうところを
5つ さがしてね。

4章

こたえは 189 ページ

Q69

ちかくの たてものに
雨やどりしよう。

とつぜんの 大雨！
左と 右で ちがうところを
5つ さがしてね。

4章

こたえは 189 ページ

Q 70

うわっ、雨もり！
たてものの おくまで
はいろうよ。

水が しみだしているよ。
左と 右で ちがうところを
6つ さがしてね。

4章

こたえは 189 ページ

153

Q71

このたてもの、ずいぶんとぼろぼろだね……。

エレベーターの 写真を とったよ。
左と 右で ちがうところを
7つ さがしてね。

4章

こたえは 189 ページ

水たまりに なにか うつりこんでいる？
上の ふうけいと ちがうところを
下から 7つ さがしてね。

4章

こたえは 190 ページ

Q73

さっきのは なんの 音だったんだろう。

橋の 上で ほっと ひと息。
左と 右で ちがうところを
6つ さがしてね。

4章

こたえは 190 ページ

Q74

しらない 道に でてきちゃったよ～っ。

このページを よーく みてから
ページを めくってね。

4章

くらくなってきたし、
はやく 家(いえ)に かえらないと。

まえの ページと くらべて、
ちがうところを 9つ さがしてね。

4章

こたえは 190 ページ

Q75

あの電話ボックス、なにか いそうじゃない？

電話ボックスの 写真を とったよ。
左と 右で ちがうところを
6つ さがしてね。

4章

こたえは 190 ページ

Q 76

道路の ひょうしき、
なんで こんなに
あるんだろう。

写真に とったら なにかが ちがう？
左と 右で ちがうところを
6つ さがしてね。

4章

こたえは 190 ページ

Q77

いつも とおる 道に もどってきた！
だけど なんだか……。

かえり道の 写真を とったよ。
左と 右で ちがうところを
7つ さがしてね。

4章

こたえは 191 ページ

家に ついたよ！
ここまで くれば
だいじょうぶ。

ユウマくんの 家の 写真を とったよ。
ちがうところを 6つ さがしてね。

こたえは 191 ページ

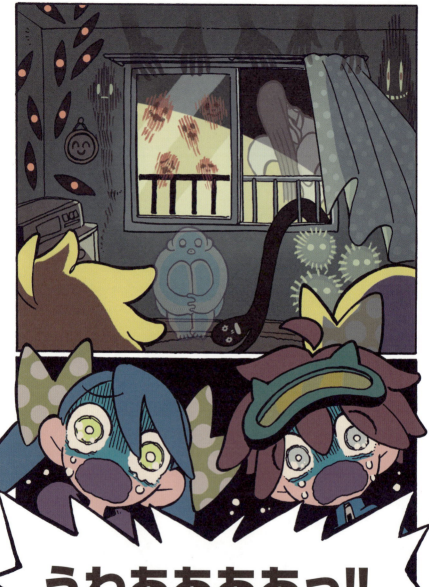

こたえ

Q1 p.8〜9

Q2 p.10〜11

Q3 p.12〜13

Q4 p.14〜15

Q5 p.16〜17

Q6 p.18〜19

Q7 p.20〜21

Q8 p.22〜23

Q9 p.24〜25

Q10 p.26

Q11 p.28〜29

Q12 p.30〜31

Q13 p.32〜33

Q14 p.34〜35

Q15 p.36〜37

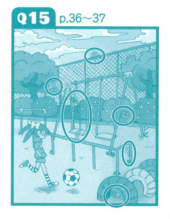

Q16 p.38〜39

Q17 p.40

Q18 p.41

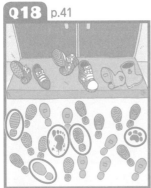

Q19 p.42〜43

Q20 p.44〜45

Q21 p.52〜53

Q27 p.62〜63

Q28 p.64〜65

Q29 p.66

Q30 p.68〜69

Q31 p.70〜71

Q32 p.72〜73

Q33 p.74〜75

Q34 p.76〜77

Q35 p.78〜79

Q36 p.80

Q37 p.81

Q38 p.82〜83

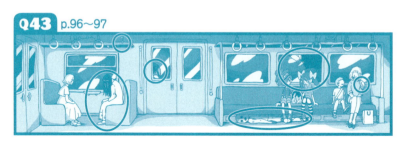

Q44 p.98〜99

Q46 p.102〜103

Q48 p.106〜107

Q45 p.100〜101

Q47 p.104〜105

Q49 p.108〜109

185

Q50 p.110

Q51 p.112〜113

Q52 p.114〜115

Q53 p.116〜117

Q54 p.118

Q55 p.119

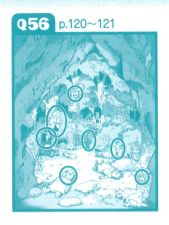

Q60 p.132〜135

Q61 p.136〜137

Q62 p.138〜139

Q63 p.140〜141

Q64 p.142〜143

Q65 p.144〜145

Q72 p.158〜159

Q73 p.160〜161

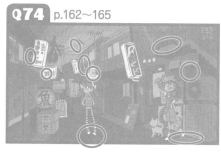

Q74 p.162〜165

Q75 p.166〜167

Q76 p.168〜169

Q77 p.170〜171　　　**Q78** p.172〜173

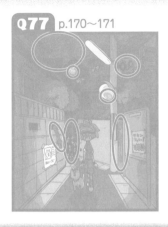

おたより大ぼしゅう

この本を
読んだ
感想を
おくってね！

絵や
もんだいも
大かんげいだよ〜

〒160-8565　東京都新宿区大京町22-1
ポプラ社児童書事業局　「なぞなぞ＆ゲーム王国㊴
どこにいる？　ココにいる　心霊まちがいさがし」
　　　　　　　　　　　　　　　　　の係まで

★みなさんのおたよりは、事業局と制作者で読んで、参考にさせていただきます。

作/さそり山かずき
絵/かねこ鮭
　　kaya（2章、3章背景）
デザイン/チャダル108
校正/高橋裕美
企画・編集・制作/株式会社アルバ

・・・・・・・・・・・・・・・・・・・・・・・・・・・・・・・・
なぞなぞ＆ゲーム王国㊾

どこにいる? ココにいる　心霊まちがいさがし

発　　　行　2018年　7月　第1刷

発　行　者　長谷川 均
編　　　集　鍋島 佐知子・岡本 大
発　行　所　株式会社ポプラ社
　　　　　　〒160-8565　東京都新宿区大京町22-1
　　　　　　電話　（営業）　03-3357-2212
　　　　　　　　　（編集）　03-3357-2216
　　　　　　ホームページ　www.poplar.co.jp
印　　　刷　図書印刷株式会社

・・・・・・・・・・・・・・・・・・・・・・・・・・・・・・・・
©S.Kaneko　Kaya　2018　Printed in Japan
N.D.C.798/191P/19cm　ISBN978-4-591-15911-8

本書のコピー、スキャン、デジタル化等の無断複製は著作権法上での例外を除き
禁じられています。本書を代行業者等の第三者に依頼してスキャンやデジタル
化することは、たとえ個人や家庭内での利用であっても著作権法上認められ
ておりません。落丁本・乱丁本は、送料小社負担でお取り替えいたします。小社
製作部宛にご連絡ください。製作部 電話 0120-666-553
受付時間は月～金曜日、9：00～17：00（祝日・休日は除く）

※読者のみなさまからのおたよりをお待ちしております。いただいたおたよりは著者
へおわたしいたします。